Harri'r Arth

a'i Antur i'r Traeth

Cyhoeddwyd gyntaf yn 2022
Gan Rowanvale Books Ltd
The Gate,
Heol Keppoch,
Rhath, Caerdydd CF24 3JW
Mae cofnod o gatalog 'CIP' ar gyfer y llyfr hwn ar gael o'r llyfrgell Brydeinig.
ISBN: 978-1-914422-25-6

I'm gwraig, Steph, am ei chefnogaeth, cariad ac anogaeth gyson. Diolch yn arbennig i Ffion Pritchard-Johnson, am fy helpu i addasu Harold the Bear: Goes to the Beach yn stori sy'n odli yn Gymraeg.

Roedd Harri'r Arth ar ben y byd,
Roedd ar antur i'r traeth
Ac yn gyffro i gyd.

Gyda'r haul yn gwenu a'r
tywydd yn braf,
Roedd Harri'r Arth wrth ei fodd
yn yr haf.

Cododd ei law pan welodd fws.

Daeth y cerbyd i stop, ac agorodd y drws.

Yn dawel ei lais, gofynnodd i'r gŵr,

"Esgusodwch fi, syr, y'ch chi'n mynd i'r dŵr?"

Doedd y bws ddim yn mynd bob cam i'r traeth.

Ta waeth, neidiodd ymlaen
cam i'r traeth.
Ac ymlaen â'r daith.

Gyda dŵr yn ei law a'r tywydd yn braf,

Roedd Harri'r Arth wrth
ei fodd yn yr haf.

"Wel te," meddai'r gyrrwr, "dyma ni.
Dyma ben y daith i ti."

Canodd y gloch, a chodi'i sach.

Bloeddiodd y teithwyr,
"Pob lwc, arth bach".

Roedd Harri'r Arth ar ben y byd,

Roedd ar antur i'r traeth,
Ac yn gyffro i gyd.

Gyda bwyd yn y bag a'r tywydd yn braf
Roedd Harri'r Arth wrth ei
fodd yn yr haf

Rhedodd nerth ei draed - doedd dim amser i'w golli!

Dywedodd yn llawen, wrth godi'i law,

"Dwi'n mynd i'r
môr gyda'm bwced a rhaw".

Ta waeth, camodd ymlaen,
Ac ymlaen â'r daith.

Gyda'r awyr yn las a'r tywydd yn braf,

Roedd Harri'r Arth wrth
ei fodd yn yr haf.

Dyma'r trên yn stopio, mewn dim o dro.

Ar ei draed â Harri, unwaith 'to.

Gadawodd y trên, ar dân am y môr.

"Pob hwyl i ti!"
gwaeddodd y teithwyr fel côr.

TRAETH ½

Roedd Harri'r Arth ar ben y byd,

Roedd ar antur i'r traeth

Ac yn gyffro i gyd.

Gyda'r haul ar ei wyneb a'r tywydd yn braf,

Roedd Harri'r Arth wrth ei fodd yn yr haf.

"Dyna geffyl!" ebychodd,
pan welodd fferm.

"Am syniad! Af fi i'r dŵr ar ei
gefn".

Gofynnodd i'r ceffyl, gyda chri,

"A wnewch chi
fynd i'r môr gyda fi?"

Roedd y ceffyl yn mynd bob cam i'r traeth.

Felly, dringodd ymlaen,
Ac ymlaen â'r daith.

Gyda'r gwynt yn ei
wallt a'r tywydd yn braf,

Roedd Harri'r Arth wrth
ei fodd yn yr haf!

Mewn chwinciad, meddai'r ceffyl gyda gwên:

"Wyt ti'n clywed y tonnau yn y bae?

Wyt ti'n gweld y plant yn chwarae?"

Neidiodd Harri i'r llawr,
â'i ddychymyg yn drên.

"Mwynha, Harri'r Arth!"
gwaeddodd y ceffyl wrth ei ffrind.

"Diolch o galon", atebodd, cyn troi i
fynd.

Roedd Harri'r Arth ar ben y byd,
Roedd ar y traeth,
Ac yn gyffro i gyd.

Rhedodd yr arth fel y gwynt i nofio,
Am antur a hanner bydd e byth yn anghofio.

Bywgraffiad yr Awdur

Ganed Martyn Evans yn 1983 ac mae e'n byw ym mhentref Bryncae, De Cymru. Mae e'n ŵr cariadus i wraig amyneddgar dros ben, yn dad i ddau blentyn sy'n dwlu ar lyfrau ac yn feistr (yn ôl y sôn) ar Woody, Borador chwareus. Mae Martyn wrth ei fodd yn treulio amser gyda'i blant yn creu straeon wedi'u hysbrydoli gan eu teganau, anturiaethau diweddar y teulu a'i angerdd dros yr amgylchedd. Addasiad yw Harri'r Arth a'i Antur i'r Traeth o'r llyfr Harold the Bear: Goes to the Beach, a gyhoeddwyd yn gynharach yn 2022.

***

A wnaethoch chi fwynhau darllen Harri'r Arth a'i Antur i'r Traeth?

Diolch o galon am brynu'r llyfr hwn. Mae'n meddwl y byd i mi eich bod wedi dewis y stori hon, o ystyried y dewis rhyfeddol o straeon sydd ar gael. A minnau wedi bod yn dysgu Cymraeg ers sawl blwyddyn, dwi'n hynod ddiolchgar o gael y cyfle i gyhoeddi llyfr yn Gymraeg – a dwi wir yn gobeithio y gwnaethoch chi ei fwynhau. Byddwn i'n ddiolchgar iawn pe baech chi'n cyhoeddi adolygiad o'r llyfr ar Amazon, neu'n postio sylw ar y cyfryngau cymdeithasol. Diolch yn fawr.

Gwybodaeth Cyhoeddwyr

Mae Rowanvale Books yn darparu gwasanaethau cyhoeddi i awduron, llenorion a beirdd annibynnol ledled y byd. Rydym yn darparu gwasanaeth personol, gonest ac effeithlon sy'n caniatáu i awduron weld eu gwaith yn cael ei gyhoeddi wrth barhau i reoli'r broses a chadw eu creadigrwydd. Trwy sicrhau bod gwasanaethau cyhoeddi ar gael i awduron mewn ffordd gost-effeithiol a moesegol, rydym ni yn Rowanvale Books yn gobeithio sicrhau bod y gymuned leol, genedlaethol a rhyngwladol yn elwa o ffrwd hyson o lenyddiaeth o ansawdd da.

I gael rhagor o wybodaeth amdanon ni, ein hawduron nei cyhoeddiadau cysylltwch â ni os gwelwch yn dda.
www.rowanvalebooks.com
info@rowanvalebooks.com